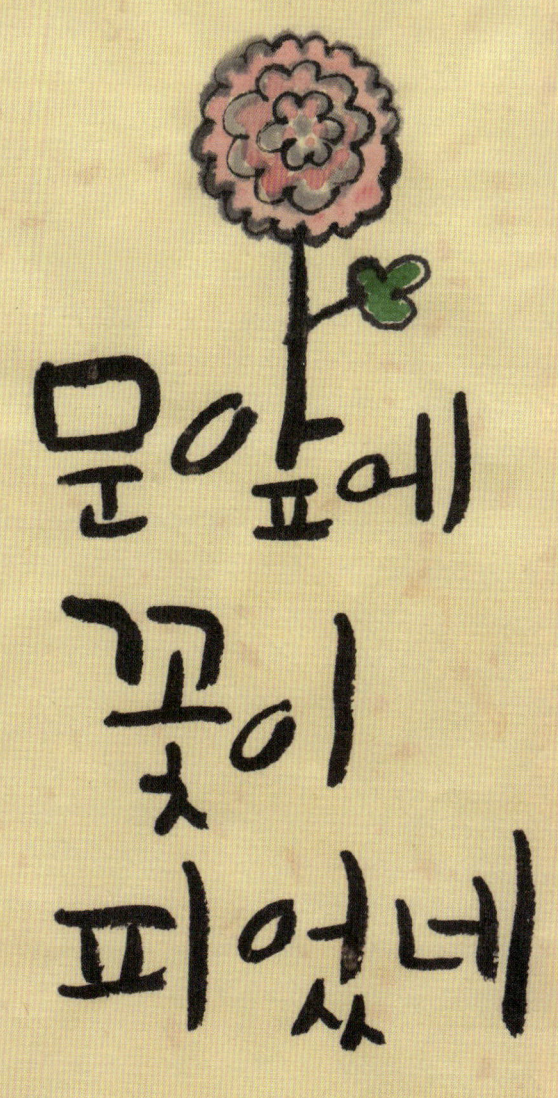

문앞에
꽃이
피었네

국립중앙도서관 출판예정도서목록(CIP)

문 앞에 꽃이 피었네 / 지은이: 유진수. -- 창원 : 창연출판사, 2017
p. ;   cm

ISBN 979-11-86871-13-3 03650 : ₩13000

회화(그림) [繪畵]

653.11-KDC6
759.9519-DDC23   CIP2017008593

문 앞에 꽃이 피었네

초판인쇄 2017년 4월 30일
초판발행 2017년 5월 06일

지 은 이 | 유진수
펴 낸 이 | 이소정
펴 낸 곳 | 창연출판사
주   소 | 경남 창원시 의창구 읍성로 39
출판등록 | 2013년 11월 26일 제2013-000029호
전   화 | (055) 296-2030
팩   스 | (055) 246-2030
E-mail | 7calltaxi@hanmail.net

값 13,000원
ISBN 979-11-86871-13-3 03650

ⓒ 유진수, 2017

* 저자와 협의하여 인지를 생략합니다.
* 이 책의 판권은 저자와 창연에 있습니다.
  양측의 서면 동의 없이 무단 전재나 복제를 금합니다.
* 잘못된 책은 바꾸어 드립니다.

문 앞에 꽃이 피었네

유진수 글·그림

창연

봄이 오는
소리

행복이
피어나는
소리

꽃이
봄을
만나다

풀
한 포기
가슴으로
바라보기

밥이
참
고맙다

뒷골
야시도
돌보는집

오늘
해처럼
환하다

우리
엄마
해병인

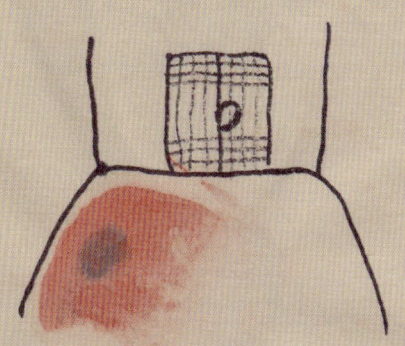

엄마는
구들방이다
따시다

엄마 말
들으면
줄줄이
복이 온다

엄마의 소원

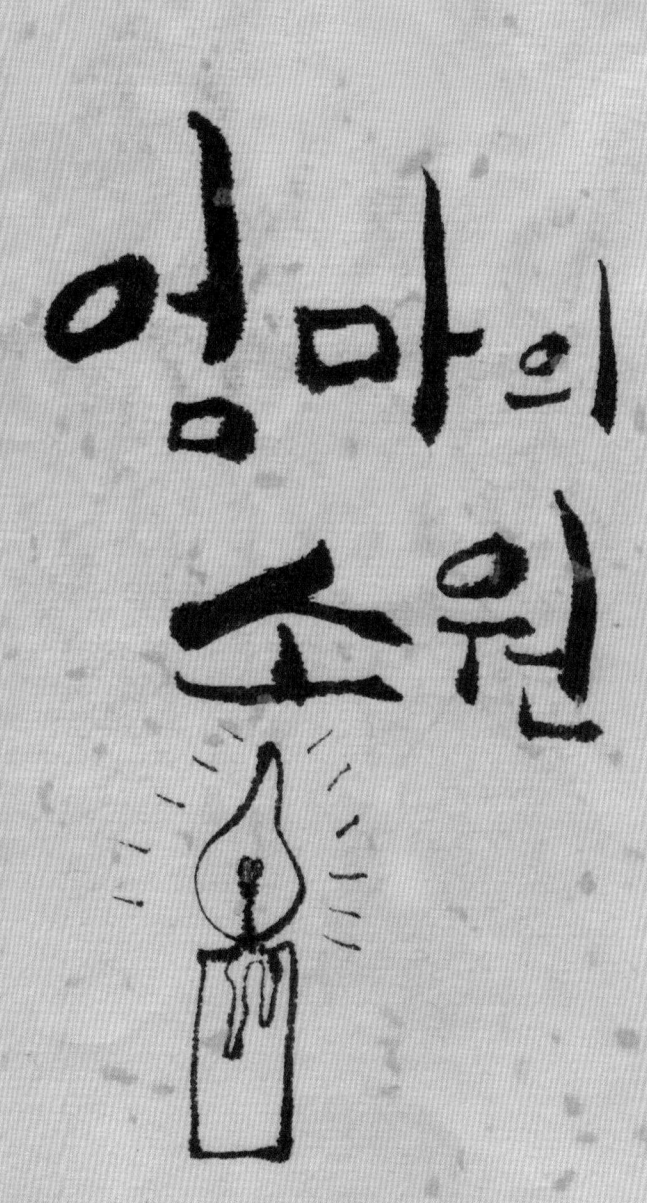

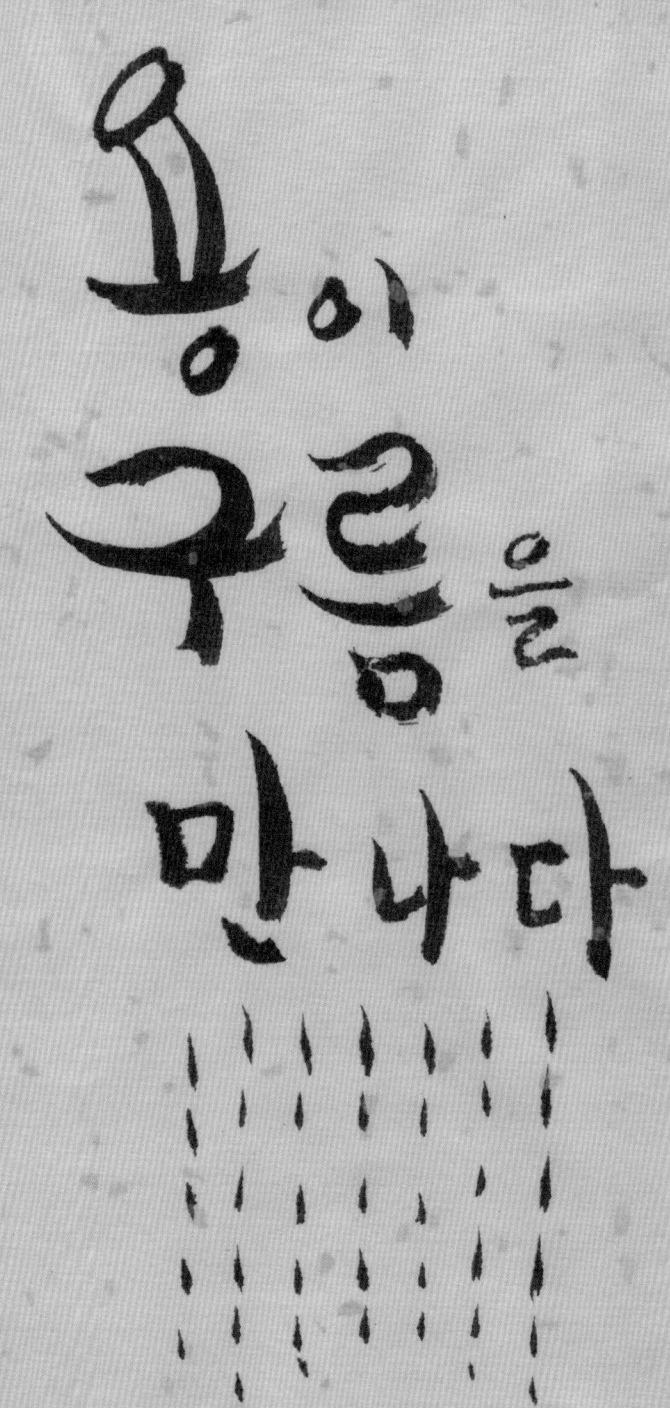

누구나
때가
있다

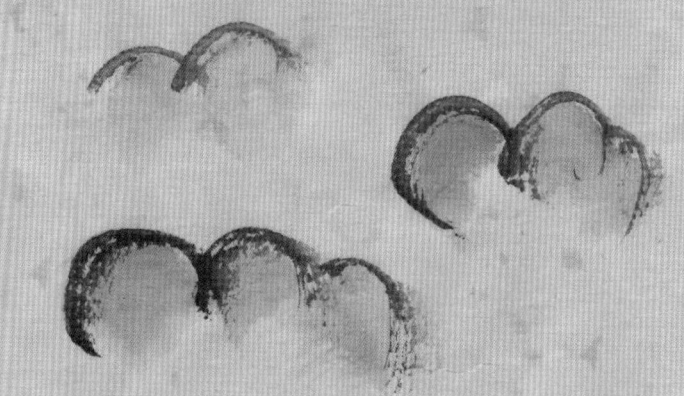

좋은 일들이
구름처럼
일어나리라

마음을 붙들어 매자

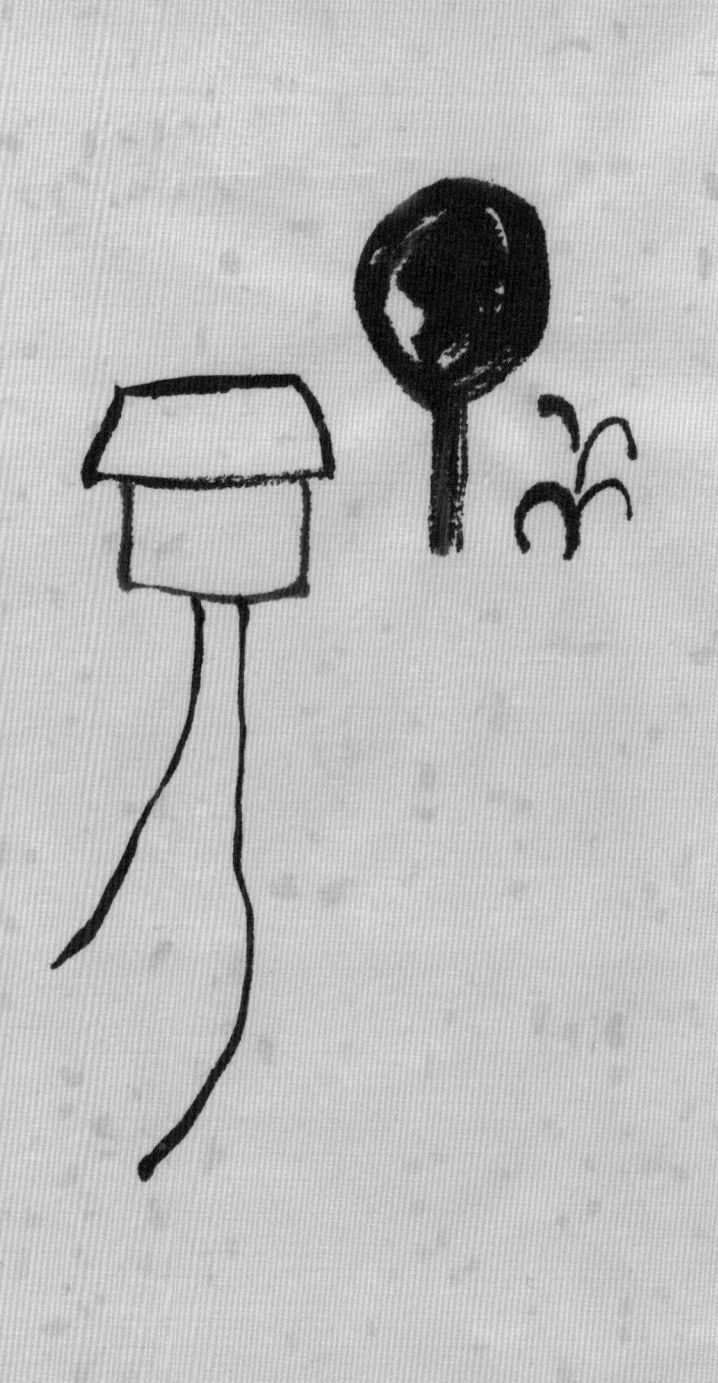

마음心을
마음에
심었다

세상을
미소 짓게
하는
향

반드시
꼭
분명히
이룬다

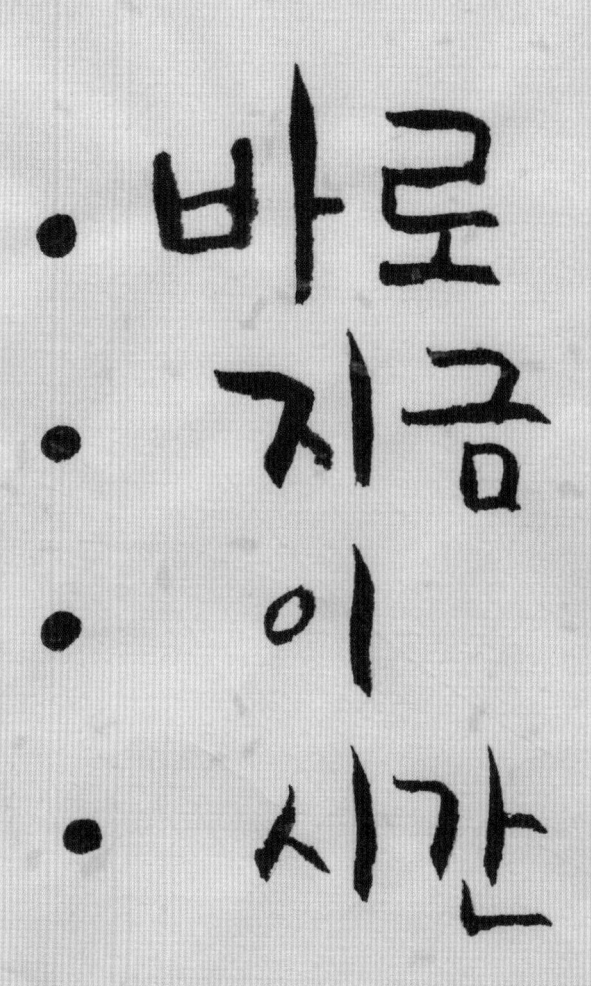

지금이
어제와
내일의
거울이다

산들물 빛빛빛

일소

돌도
공을 들이면
말을 한다

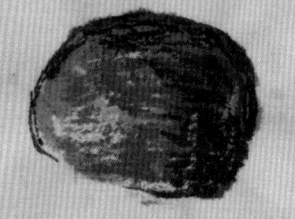

복이
깃드는
마음그릇

살구씨 갖고
야시 꼬드기는
사람을
조심하자

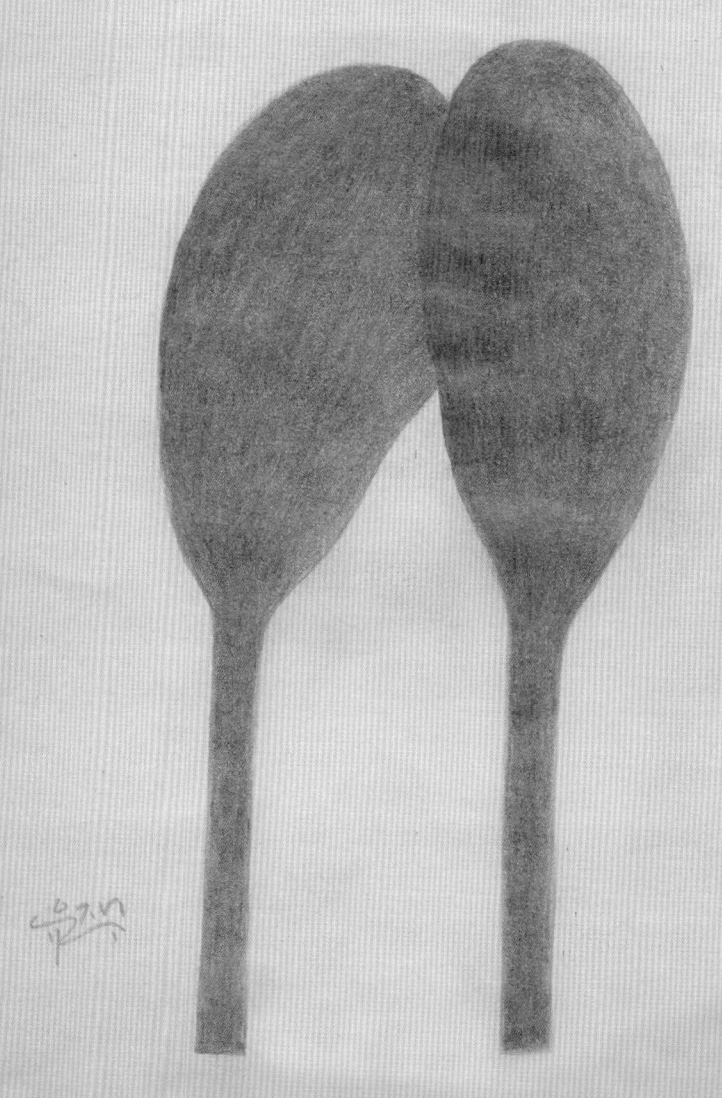

그냥
사랑

넓고
깊게
바라보기
삶이 그 만큼
넓고 깊고
풍성해진다

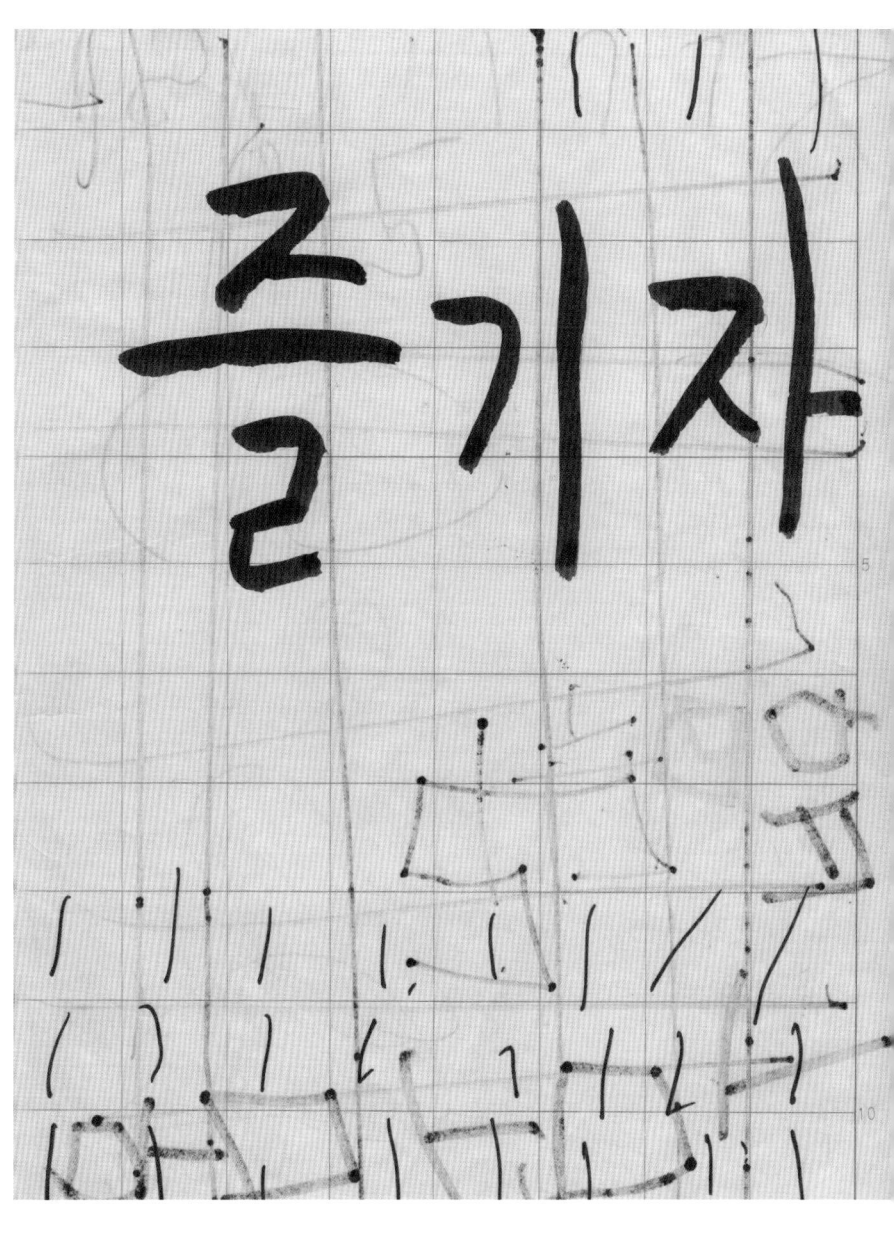

차향
사람향

하늘빛
구름
그림자

꽃이
봄산에
만발하도다

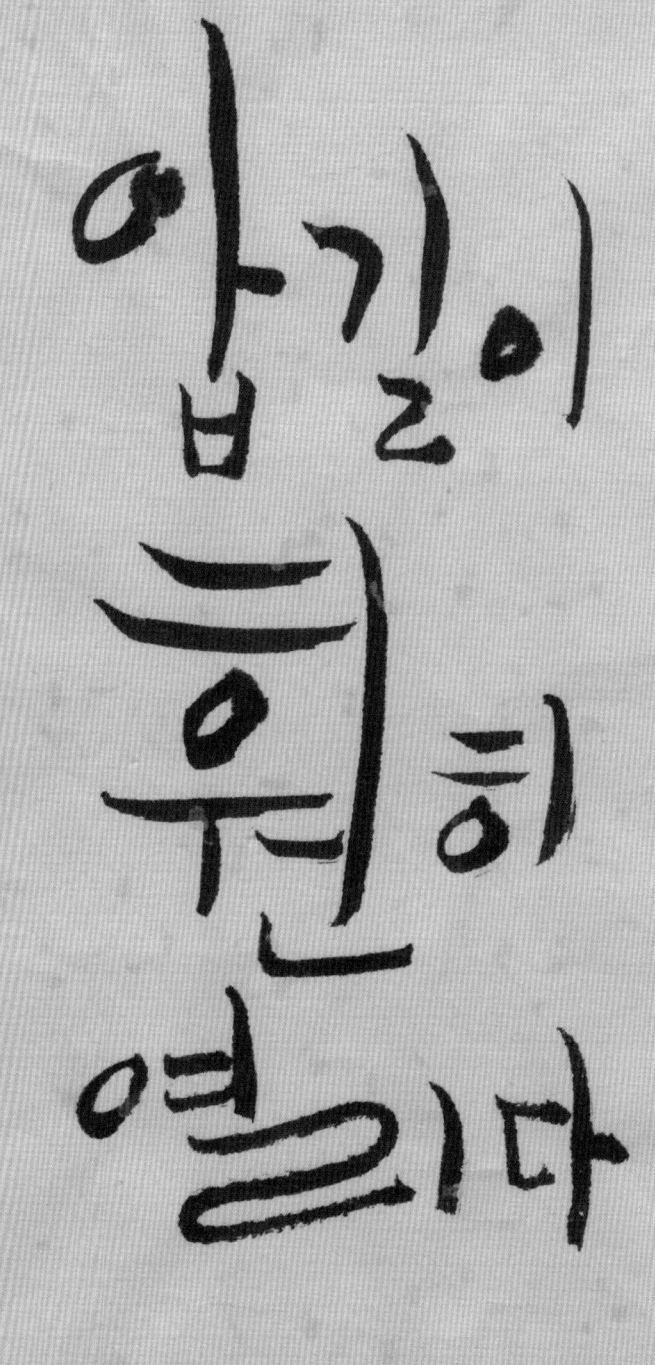

향기 나는 집

저절로
기쁜 날

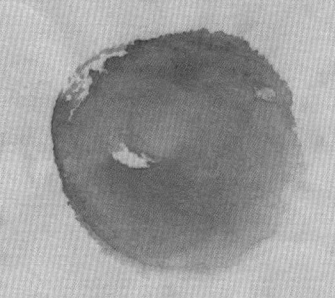

가을에는
달이
밝다

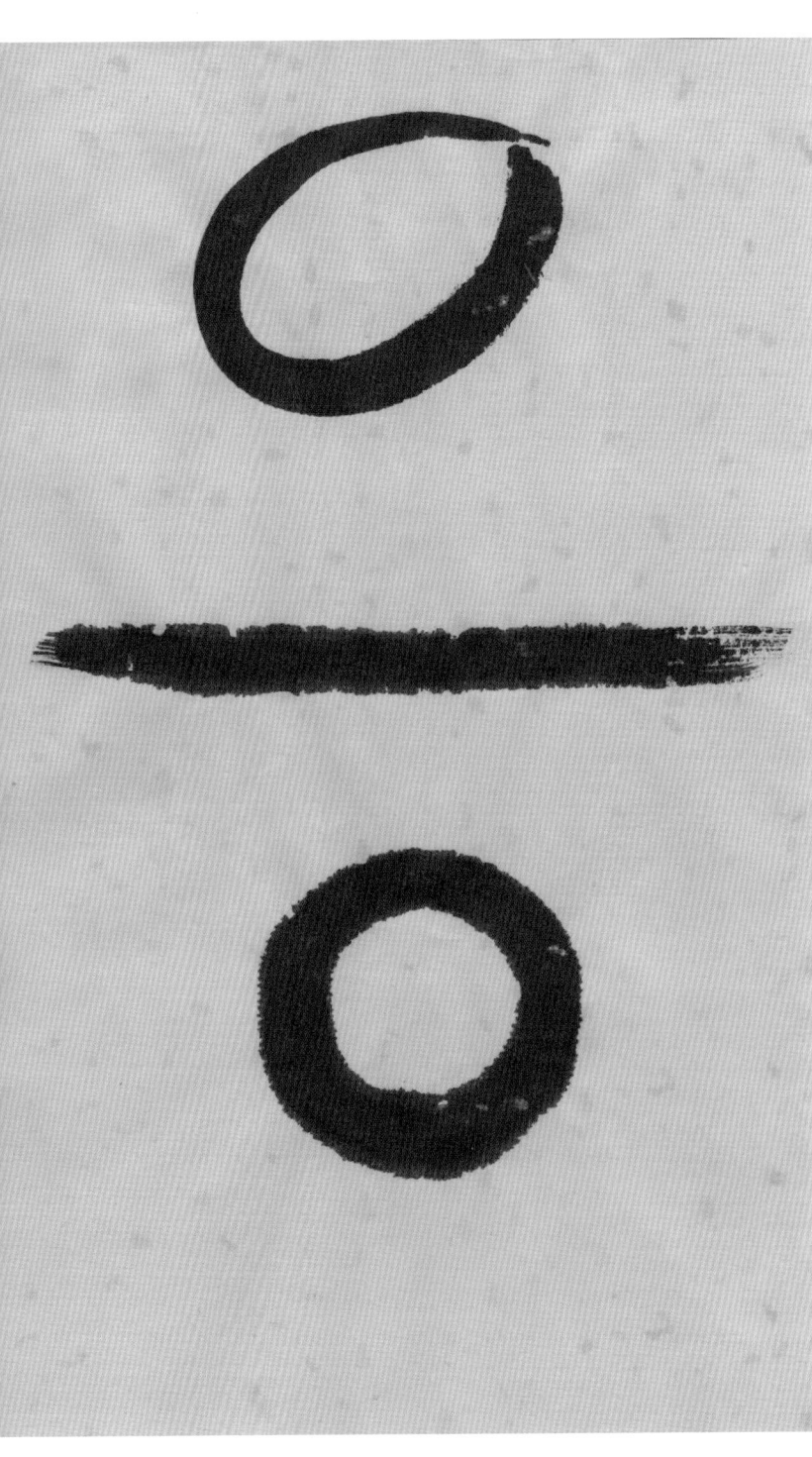

생각
일요일

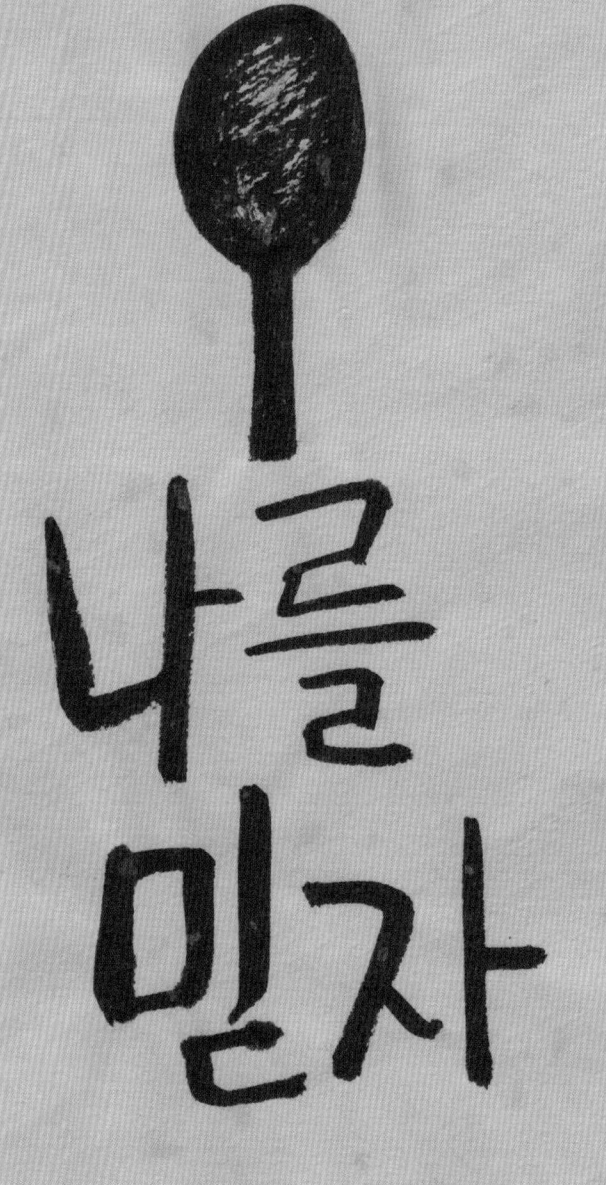

마음
있으면
다
보인다

가난할때
사귄
벗이
귀하다

남의 말
좋게
하자

허리를
굽혀야
돈을
주울수 있다

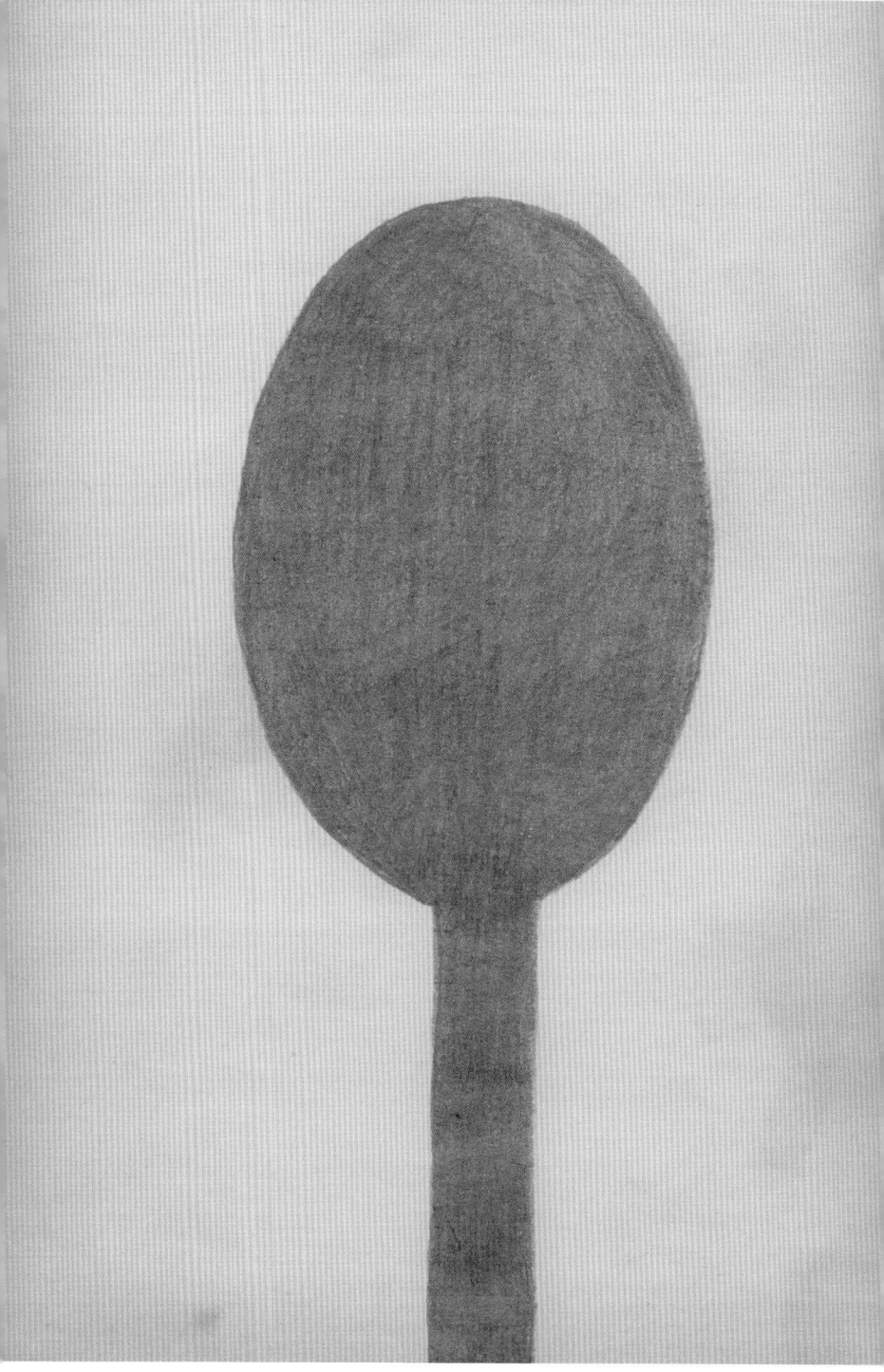

웃자

꽃을 좋아하시는 어머니께서 구입한 장식품, 오래된 그림 뒷면에 7살 때의 글씨가 적혀 있다.

7살 때의 글씨

황우 이준범(李俊凡) [1921-2004]

- 경남 창녕군 유어면 가항리 출생
- 건국대 국문학과 졸업
- 한국문인협회, 국제펜클럽 한국본부, 한국시인협회 회원
- 한국현대시인협회 심의의장
- 한국아동문학가협회 상임이사
- 시집《황우》《탱자나무꽃》《주춧돌》《노루아지》
  《잡초속의 해인사 양귀비꽃》
- 지도서《동시짓기 공부》

황우 이준범 선생님이 직접 써주신 호.

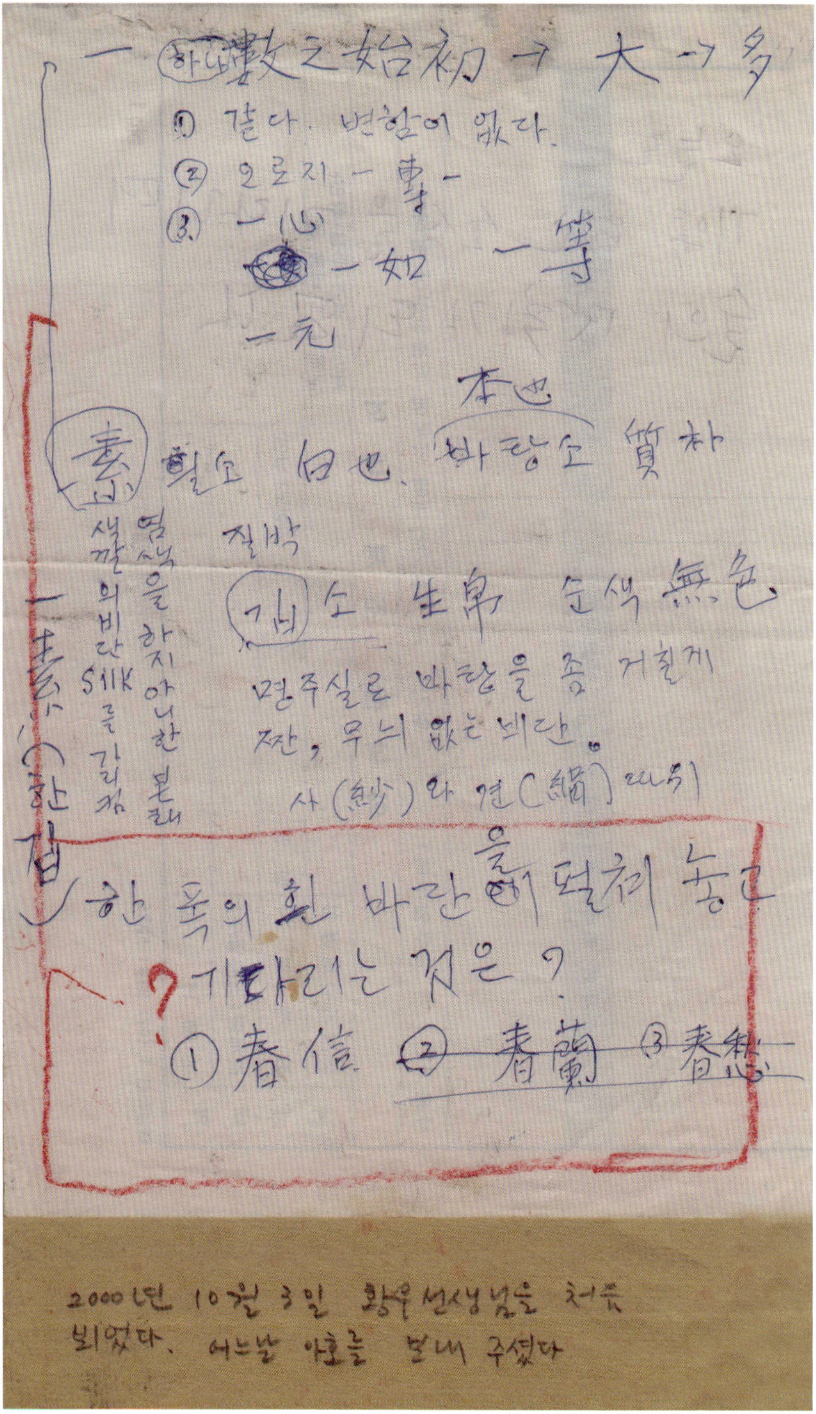

一 ─ 하나 數之始初 → 大 → 多

① 같다. 변함이 없다.
② 오로지 一事一
③ 一心
   ✱ 一如 一等
   一元

素 ─ 힐소 白也. 바탕소 本也 質朴
      색깔 염색을 하지 않은 비단 SILK 을 가리킴 본래
      질박

帛 소 生帛 흰색 無色
   명주실로 바탕을 좀 거칠게 짠, 무늬 없는 비단.
   사(紗)와 견(絹) 따위

素(힌)帛

한 폭의 흰 바탕에 떨쳐 놓고
? 기다리는 것은?
① 春信 ② 春蘭 ③ 春愁

2000년 10월 3일 황우선생님을 처음
뵈었다. 어느날 아호를 보내 주셨다

유진수(俞辰守)

호는 일소(一素)로 경남 창녕 대대 한터마을에서 태어났다.
1996년 서울 롯데화랑을 시점으로 11회의 개인전을 가졌으며
태어나고 자란 우포늪 한터마을에서 창작 활동을 하고 있다.

부: 유동덕 1921. 10. 20 일생
모: 허병인 1926년 5월22일생